中国阶级制度小史

吕思勉／著

知识产权出版社
全国百佳图书出版单位

图书在版编目（CIP）数据

中国阶级制度小史/吕思勉著. —北京：知识产权出版社，2018.1
ISBN 978-7-5130-5235-1

Ⅰ.①中… Ⅱ.①吕… Ⅲ.①政治制度史—研究—中国 Ⅳ.①D69

中国版本图书馆 CIP 数据核字（2017）第 261834 号

责任编辑： 徐 浩　　**责任校对：** 王 岩
封面设计： 张 冀　　**责任出版：** 刘译文

中国阶级制度小史

吕思勉 著

出版发行：	知识产权出版社有限责任公司	**网　　址：**	http：//www.ipph.cn
社　　址：	北京市海淀区气象路 50 号院	**邮　　编：**	100081
责编电话：	010-82000860 转 8343	**责编邮箱：**	xuhao@cnipr.com
发行电话：	010-82000860 转 8101/8102	**发行传真：**	010-82000893/82005070/82000270
印　　刷：	三河市国英印务有限公司	**经　　销：**	各大网上书店、新华书店及相关专业书店
开　　本：	880mm×1230mm　1/32	**印　　张：**	3.25
版　　次：	2018 年 1 月第 1 版	**印　　次：**	2018 年 1 月第 1 次印刷
字　　数：	30 千字	**定　　价：**	20.00 元

ISBN 978-7-5130-5235-1

再版前言

民国时期是我国近现代历史上非常独特的一段历史时期，这段时期的一个重要特点是：一方面，旧的各种事物在逐渐崩塌，而新的各种事物正在悄然生长；另一方面，旧的各种事物还有其顽固的生命力，而新的各种事物在不断适应中国的土壤中艰难生长。简单地说，新旧杂陈，中西冲撞，名家云集，新秀辈出，这是当时的中国社会在思想、文化和学术等各方面的一个最为显著的特点。为了向今天的人们展示一个更为真实的民国，为了将民国文化的精髓更全面地保存下来，本社此次选择了一些民国时期曾经出版过的、书名中均有“小史”字样的图书，整理成为一套《民国小史丛书》出版，以飨读者。

这套《民国小史丛书》涉及文学、艺术、历史、哲学、政治、经济等诸方面，每种图书均用短小精悍的篇幅，以深入浅出的语言，向当时中国的普通民众介绍和宣传社会思想各个领域的专门知识。这套丛书通俗易懂，可读性强，在专业知识和理论的介绍上丝毫不逊于大部头的著作，既可供大众读者消闲阅读，也可供有专门兴趣的读者拓展阅读。这套丛书不仅对民国时期的普通读者具有积极的启蒙意义，其中的许多知识性内容和基本观点，即使现在也没有过时，仍具有重要的参考价值，因此也非常适合今天的大众读者阅读和参考。

本社此次对这套丛书的整理再版，基本保持了原书的民国风貌，只是将原来繁体竖排转化为简体横排的形式，对原书中存在的语言文字或知识性错误，以“编者注”的形式加以校订，以便于今天的读者阅读。希望各位读者在阅读本丛书之后，一方面能够对民国时期的思想文化有一个更加深刻的了解，另一方面也能够为自己的书橱增添一种用于了解各个学科知识的不可或缺的日常读物。

提要

此篇论我国阶级制度之起原，[1]共有几种，其后如何变化、消灭，或则至今仍留遗迹，沿流溯源，异常明晰；其中论国人、野人为最古之阶级，游侠为古武士之遗，古所谓君子者，道德之真相，武力、富力阶级之递嬗，尤为独具。只眼欲知中国社会组织之真相者，不可不人手一编。

[1] “原”，今作“源”。——编者注

吾国古代之阶级，最严重者，盖为国人及野人。周官有询国危、询国迁、询立君之礼，享其权者，皆国人也。[1]孟子曰："国人皆曰贤，然后察之。见贤焉，然后用之。国人皆曰不可，然后察之，见不可焉，然后去之。国人皆曰可杀，然后察之；见可杀焉，然后杀之。"[2]《王制》："爵人于朝，与众共之。刑人于市，与众弃之。"即此数语之注脚。朝与市皆在国中者也。大王之迁岐也，属其耆老而告之。夫岂能尽属其所统属之耆老？则其所属者，都邑中之耆老而已。民从之者如归市，亦其所属之耆老，率其子弟而从之而已。厉王之监

[1] 见《政体篇》。
[2] 《梁惠王下》。

谤也，国人莫敢言，道路以目。三年，乃相与畔，袭王，流王于彘，亦国人为之也。古代之国人，所以能享此权利，有此势力者，盖其国家之成立，率由部落相并兼。一部落征服他部落，则择中央山险之地，筑城以居，是之谓国。其四面平夷之地，则所征服之民居之，以从事于耕农，是之谓野。故国人者，征服人之族。野人者，为人所征服之族也。此事最显明之证据，则国人服兵役，而野人则否。参考古代兵制，自能知之。

职是故，古代国家之基础，实惟国人；而野人则关系较浅。国以外之土地，可以时有赢缩。但使其国仍在，国人不至尽怨叛以去。如《春秋》所谓“梁亡”[1]者，则苟有贤君，仍有复兴之望。若夫野人，则赋役轻减，即歌颂德惠；苟遇虐政，则“逝将去女，适彼乐土”而已。古代国家，疆域之张缩，户口之增减，率由于此。

国以内之人民，亦有阶级否乎？曰：有。此其阶级，盖因职业之不同而生。与国人、野人，本为异部落者不同也。古代职业之别，时曰士、

[1] 《公羊》僖公十九年：“梁亡，此未有伐者。其言梁亡何？自亡也。其自亡奈何？鱼烂而亡也。”注：“梁君隆刑峻法，一家犯罪，四家坐之。一国之中，无不被刑者。百姓一旦相率俱去，状若鱼烂。鱼烂从内发，故云尔。”

农、工、商。[1]《管子·小匡篇》曰："士农工商，四民者，国之石民也，不可使杂处。杂处则其言哤，其事乱。是故圣王之处士，必于间燕；处

[1] 此为最普通之区别。《穀梁》成公元年："古者有四民：有士民，有商民，有农民，有工民。"《公羊》成公元年解诂："古者有四民。一曰德能居位曰士；二曰辟土殖谷曰农；三曰巧心劳手，以成器物曰工；四曰通财鬻货曰商。"《汉书·食货志》："学以居位曰士。辟土殖谷曰农。作巧成器曰工。通财鬻货曰商。"皆与《管子·小匡篇》同。《周官·太宰》："以九职任万民：一曰三农，生九谷。二曰园圃，毓草木。三曰虞衡，作山泽之材。四曰薮牧，养蕃鸟兽。五曰百工，饬化八材。六曰商贾，阜通货贿。七曰嫔妇，化治丝枲。八曰臣妾，聚敛疏材。九曰间民，无常识，转移执事。"分别非不细密。然其所举，在士农工商之外者，要不若士农工商之重要也。《史记·货殖列传》："故待农而食之，虞而出之，工而成之，商而通之。"《周书》曰："农不出则乏其食。工不出则乏其事。商不出则三宝绝。虞不出则匮财少。"此因商贾所贩率多山泽之材，故特举一虞。《左氏》宣公十二年，"荆尸而举，商、农、工、贾，不败其业"。则去士但言农工商，而加一贾字以足句耳。

农必就田野；处工必就官府；处商必就市井”，使之“群萃而州处”“不见异物而迁”，则“其父兄之教，不肃而成；其子弟之学，不劳而能”。是故“士之子常为士”“农之子常为农”“工之子常为工”“商之子常为商”。职业之不同，既足使权力之大小，因之而异。而其业又守之以世，则积之久而地位之高低随之，亦其势也。[1] 此等阶级中，其权力最大、地位最高者，厥惟世为官吏之家，时曰

---

[1] 《淮南子·齐俗训》：“人不兼官，官不兼事。士农工商，乡别州异。是故农与农言力，士与士言行，工与工言巧，商与商言数。是以士无遗行，农无废功，工无苦事，商无折货。”说与《管子·小匡篇》同。

百姓。[1] 百姓之未受爵者曰士。[2] 职卑于士者曰庶人。[3] 不治公务，但事生

---

❶ 后世百姓与民同义，古代则不然。《书·尧典》：“以亲九族，九族既睦。平章百姓，百姓昭明。协和万邦，黎民于变时雍。”《礼记·大传》：“重社稷，故爱百姓。爱百姓，故刑罚中。刑罚中，故庶民安。”皆以百姓与民分言。间有百姓与民同义者，如《中庸》：“子庶民则百姓劝。”下又云“时使薄敛，所以劝百姓”是也。然不多见。

❷ 古者五十而后爵，爵则为大夫。《冠义》曰：“天子之元子，犹士也。天下无生而贵者也。”士非爵，而又与庶人不同。盖有受爵之资格而未爵者也。其所以有受爵之资格，则以生于百姓之家故也。

❸ 庶人亦治公务，然尊卑与士大异。《孟子·万章下》篇：“在国曰市井之臣，在野曰草莽之臣，皆谓庶人。庶人不传质为臣，不敢见于诸侯。”与士之得见于君者大异矣。盖一生于世族之家，一生于民之家也。《孝经·庶人章》疏：“严植之以为士有员位，庶人无限极，故士以下皆为庶人。”

业者曰民。[1] 野人则变民言氓，[2] 盖亦曰黔首。[3] 大抵有官爵者为君子，无官爵者为小人。[4] 君子治人，小人治于人。治于人者食人，治人者食于人。此古代社会阶级之大凡也。

---

❶ 古民与人异义。《论语·宪问》："子路问君子。子曰：修己以敬。曰：如斯而已乎？曰：修以己安人。曰：如斯而已乎？曰：修己以安百姓。"集解："孔曰：人谓朋友九族。"朋友，如秦穆之于三良，故与九族同在百姓上。

❷《周官·遂人》注。"变民言甿，异内外也。"民氓亦有通言者。《韩非子·难一》："四封之内，执会而朝名为臣。臣吏分职受事名曰萌。"此萌字，该内外之民言之。以国人野人，后来其别渐泯也。古之言民，颇以远近而异。以其时列国并立，非如后世之一统也。《礼记·祭义》："百众以畏，万民以服。"疏："百众，谓百官众庶。万民，谓天下众民。"众庶指本国之民，万民指列国之民也。

❸《礼记·祭义》疏："凡人以黑巾覆头，故谓之黔首。汉家仆隶谓苍头。以苍巾为饰，异于民也。"《史记·秦始皇本纪》，二十六年，"更命民曰黔首"。窃疑古代黔首，惟氓为然。其后民氓不别，则有黔首者，有不然者。始皇欲应水德，乃令凡民皆以黑巾覆头。故当时异军特起，即有以苍头为别者。汉时黔首之俗遂不改，乃以苍头施之仆隶也。

❹ 君子小人，后以德言，初盖以位言。

此等阶级，盖随世而显。隆古之世，交通阻隔，生事单简。各部落互相吞并之事既少，一部落中，因任职之异，以致地位不同者亦希，则其阶级不甚显著。世运日进，社会之组织，日益复杂，则阶级之差，亦因之而甚。《礼记·祭义》曰：“有虞氏贵德而尚齿。夏后氏贵爵而尚齿。殷人贵富而尚齿。周人贵亲而尚齿。”贵德者，纯视其人之德行才能，更无他种差别。可谓最为平夷。贵爵则始以朝廷之尊显为荣矣。贵富者，注曰：“臣能世禄曰富。”则始优异及于任职者之子孙矣。贵亲者，亲其本族，异于他族。则亦将亲其本部落，异于他部落。征服者与所征服者之阶级，盖自此而起也。此皆一社会中，组织日益复杂，而各部落又互相吞并为之也。

阶级之别既生，则上等阶级之所以自奉养，及其所以自表异者，自有不同。《汉书·货殖传》曰："昔先王之制，自天子、公侯、卿、大夫、士，至于皂隶、抱关、击柝者，其爵禄奉养、宫室、车服、棺椁、祭祀、死生之制，各有差品。小不得僭大，贱不得逾贵。"此即《左氏》所谓"君子小人，物有服章；贵有常尊，贱有等威"[1]者也。《荀子》曰："夫贵为天子，富有天下，是人情之所同

[1] 宣公十二年。

欲也。然则从人之欲，则势不能容，物不能赡也。故先王案为之制礼义以分之。使有贵贱之等，长幼之差，知愚能不能之分。皆使人载其事，而各得其宜。是夫群居和一之道也。故仁人在上，则农以力尽田，贾以察尽财，百工以巧尽械器；士大夫以上，至于公侯，莫不以仁厚知能尽官职；夫是之谓至平。故或禄天下而不自以为多，或监门、御旅、抱关、击柝，而不自以为寡。故曰：斩而齐，枉而顺，不同而一，夫是之谓至平。”❶ 此等议论，乃制度既定后所生，固不能谓其无理。然追原其朔，则征服之族，役所征服者以自养；居要地者，

❶《荣辱》。

腴不居要地者以自肥而已。

或谓既有阶级，则一人为刚，万夫为柔；居最高之位者，惟我独尊可也，而何必于我与下民之间，多设阶级？曰：此则贾生言之矣。“人主之尊譬如堂，群臣如陛，众庶如地。陛九级上，廉远地则堂高。陛亡级，廉近地则堂卑。高者难攀，卑者易陵，理势然也。故古者圣王，制为等列。内有公卿、大夫、士，外有公、侯、伯、子、男。然后有官师小吏，延及庶人。等级分明。而天子加焉。故其尊不可及也。”“今自王侯三公之贵，皆天子之所改容而礼之也。古天子之所谓伯父伯舅也。而令与众庶同黥劓髡刖、笞骂弃市之法。然则堂不亡陛乎？被戮辱者不泰迫乎？”天下惟等级多而去人远者为尊。平易近人，未有能自表异者也。君主之尊，原非一蹴而几；其初原与贵族相去不远，其后亦未尝不务划除贵族之权力；然于其虚文，必务保存之者，夫固有深意存乎其间也。

阶级之别，固非美事。然古之所谓君子，其风概亦有足多者。今试举其两端：一曰厉节行，一曰远禄利。贾生曰：“古者礼不及庶人，刑不至大夫。所以厉宠臣之节也。古大臣，有坐不廉而废者，不曰不廉，曰簠簋不饰。坐污秽淫乱、男女亡别者，不曰污秽，曰帷簿不修。坐罢软不胜任者，不谓罢软，曰下官不职。故贵大臣定有罪矣，犹未斥然正以呼之也，尚迁就而为之讳也。故其在大谴大何之域者，闻谴何，则白冠牦缨，盘水加剑，造请室而请罪耳。上不执缚系引而行也。其有中罪者，闻命而自弛。上不使人颈戾而加也。其有大罪者，闻命，则北面再拜，跪而自裁。上不使捽抑而刑之也。曰：子大夫自有过耳，吾遇子有礼矣。遇之有礼，故群臣自憙。婴以廉耻，故人矜节行。上设廉耻礼义以遇其臣，而臣不以节行报其上者，则非人类也。故化成俗定，则为人臣者，主耳忘身，国耳忘家，公耳忘私；利不苟就，害不苟去，惟义所在；上之化也。故父兄之臣，诚死宗庙。法度之臣，诚死社稷。辅翼之臣，诚死君上。守圉扞蔽之臣，诚死城郭封疆。故曰：圣人有金城者，比物此志也。”此厉节行之效也。董子曰：“皇皇求财利，常恐乏匮者，庶人之意也。皇皇求仁义，常恐不能化民者，大夫之意也。”“公仪子相鲁。之其家，见织帛，怒而出其妻。食于舍而茹葵，愠而拔其葵。曰：吾已食禄，又夺园夫红女利乎？古之贤人君子，在列位者皆如是。是故下高其行而从其教，民化其廉而不贪鄙。”此远禄利之效也。此外古书所谓君子之行，不胜枚举。其初固由自视与齐民异，有以养成之。然及其既成，则有先忧后乐之心，无朘人自利之念，抑且谦卑自牧，不敢以贤能贵富上人。其风概诚有足多者。在恃一阶级为中坚之世，实国家之桢干，社会之表率也。有一种社会制度，即有一种与之相应之道德。社会制度既变，则此道德亦随之。古代之道德，永为后世所矜式者，实以此种君子之风概为多。❶ 后世社会之阶级渐平❷，阶级时代之道德，亦随之而弛；而新道德迄未成立。至今日，则相需殷而相遇尤疏。此其所以戚然若不可终日也。

---

❶ 固有更高于此者，然能领受力行者必少矣。

❷ 士之与民，最初盖截然异其阶级。士者战士，民则农民也。《管子·五辅》："其士民贵武勇而贱得利，其庶人好耕农而恶饮食。"最可见二者之别。近人辑《中国之武士道》一书，其所载，盖皆古所谓士之行也。

古代之阶级，果何自而平乎？曰：随社会之组织而变。国人与士大夫，本系同族，所异者职位耳。职位而可以互易，阶级即可以渐平。古虽行世官之制，然官家之子弟未必皆才；而草野之贤能，时或可以济变，则不得不使“卑逾尊，疏逾戚”❶矣。《荀子》曰：“王公士大夫之子孙，不能属于礼义，则归之庶人。庶人之子孙，积文学，正身行，能属于礼义，则归之卿相士大夫。”❷虽系理想之谈，亦必略有事实为据，不能凭空捏造也。此等情势，盖世变愈亟则愈烈，“栾、郄、胥、原、狐、续、庆、

❶《孟子·梁惠王下》。

❷《王制》。

伯，降在皂隶”，❶ 特数十百年间事耳。楚材晋用，春秋时已侈为美谈。降至战国，则朝秦暮楚，更习为常事矣。❷ 古代学校，盖为贵族所专有。选举则自士以下，大夫以上皆世官。然司徒十有二教，其十有一曰以贤制爵，则平民之能获爵位者，亦必有

---

❶ 《左》昭三。

❷ 当时僻陋之国，尤藉他国之贤才。秦用百里、由余，吴用巫臣，燕用乐毅，是其事。李斯《谏逐客书》所言，亦多情实，非尽巧辞游说也。秦用商鞅，楚用吴起，皆收富国强兵之效。然二人皆被害。可见贵族与游士之不并立矣。登用贤才，不论阶级，自古即有之。孟子曰：“舜发于畎亩之中，傅说举于版筑之间，胶鬲举于鱼盐之中，管夷吾举于士，孙叔敖举于海，百里奚举于市。”舜所居一年成聚，二年成邑，三年成都；师锡之举，果系明扬侧陋与否，诚有可疑。然其初尝从事于耕稼、陶、渔，则其起自微贱，似无疑义。此外诸臣，尤无可疑矣。《礼记·杂记下》，孔子曰：“管仲遇盗，取二人焉。以为公臣。曰：其所与游者辟也，可人也。”管仲与鲍叔贾，贾亦当时贱业也。此等事不胜枚举。

之。[1]又世官之制，与封建相辅而行。封建废则世官亦废。东周而后，封建实已岌岌不能维持。“诸侯不臣寓公”“寓公不继世”，则亡国以后，犹得保其地位者，惟国君与其夫人二人。仍以及身为限。亲自公子，贵自大夫，皆已降为平民矣。《春秋》之中，弑君三十六，亡国五十二，诸侯奔走，不得保其社稷者，不可胜数。然见于《春秋》者，不过十之一二耳。则当时诸侯、卿、大夫，失其位者多矣。此王官之学，所以散为九流也。又国人与士大夫，本系同族，则昏[2]姻可以互通。其后因职业、地位之积重，庸有不通婚姻之事。然界限初不甚

[1] 古爵始大夫，士不为爵。
[2] “昏”，今作“婚”。后同。——编者注

严。《左》定九年，“齐侯伐晋夷仪。敝无存之父将室之。辞，以与其弟。曰：此役也，不死，反必取于高、国”。可见当时平民贵族之通昏，实较晋南北朝时为易。僖二十五年，王与晋阳樊、温、原、攒茅之田。阳樊不服，围之。仓葛呼曰：“此谁非王之亲姻，其俘之也？”可见王之亲姻为平民者不少矣。盖贵族平民之更迭既烈，王之亲姻，固难长保其富贵也。此皆由职业而生之阶级，所以渐平也。

国之与野，其初阶级当较严。然考诸书传，亦无甚严之界画可见。盖其事已属过去也。大抵征服人者，与服于人者，其初不免互相嫉视。阅时渐久，则仇怨之念渐消，和亲之情日织。此亦人类之恒情。而事势之变迁，尤有使阶级日趋泯灭者。国有限，野无限；国人人口增加，不得不移居于野，则国人变为野人矣。世运日进，卿大夫之家邑，日益盛昌，驯至与国都抗衡；因工商业而起之都会，亦日增月盛。则野人变为国人矣。夫国人之与野人，所异者文质耳。国人渐变为野人，野人渐变为国人，则二者之区别渐泯。又古之野人，所以与国人权利不同者，以国人当兵，而野人则否。后世战争日烈，数千万人，不足集事，则不得不推及野人。于是野人之强弱，与国人等。其所享之权利，自亦渐相等矣。又文

化日盛，则平等之义日昌。孔讥世卿，墨明尚贤，皆是物也。人心所趋，制度自为之丕变。于是国人野人之阶级，亦归于消减矣。❶

又有所谓奴婢者，则其贵贱与平民绝殊。❷奴婢缘起，盖一由罪人，一由俘虏。《周官》司隶有五隶，其罪隶为罪人，蛮隶、闽隶、夷隶、貉隶，则皆异族。古未闻有虐待异族，使为奴婢之事，盖亦俘虏也。《王制》："公家不畜刑人；大夫弗养；士

❶《王制》："仕于家者，出乡不与士齿。"《礼运》："仕于公曰臣，仕于家曰仆。"可见二者区别之严。然及春秋之世，则有以陪臣执国命者矣。

❷ 奴婢古亦曰臣妾。《左》僖十七年，"男为人臣，女为人妾"。

遇之途，弗与言也。屏之四方，不及以政，示弗故生也。”《穀梁》曰：“礼，君不使无耻，不近刑人。不狎敌，不迩怨。践人非所贵也，贵人非所刑也，刑人非所近也。”[1] 此今文家义。《周官》曰：“墨者使守门，劓者使守关，宫者使守内，刖者使守囿。”此古文家义。《诗·正月》：“民之无辜，并其臣仆。”毛传：“古者有罪，不入于刑，则役之圜土，以为臣仆。”今文家所谓奴隶，盖此类也。文王之治岐也，“罪人不孥”。[2] 而《书·甘誓》曰：“予则孥戮汝。”说者谓孥当为奴，罚止其身。或曰：《甘誓》所

[1] 襄二十九。
[2] 《孟子·梁惠王下》。

言者，军刑也。[1]《周官》：春官世妇，“掌女宫之宿戒”。注：“女宫，刑女给宫中事者。”秋官司厉，“男子入于罪隶，女子入于舂藁”。盖其身犯罪者也。《左》襄二十五年，“晋侯伐齐。齐人请成，男女以班”。说者谓为降礼，以备受俘者之点验。则古战败举族为俘之事盖甚多。[2] 盖皆使治劳溽之事。然亦有不必然者。如襄十一年，郑人赂晋侯以师悝、师触、师

❶ 《费誓》：“汝则有无余刑，非杀。”《伪孔传》曰：“刑者非一也，然亦非杀汝。”正义：“言刑者非一，谓合家尽刑之。王肃云：汝则有无余刑，父母妻子同产皆坐之，无遗免之者，故谓无余之刑。然入于罪隶，示不杀之。郑玄云：无余刑非杀者，谓尽奴其妻子，不遗其种类。在军使给厮役，反则入于罪隶舂藁。不杀之。”案《费誓》所言，亦军刑也。厮役，盖奴隶给事军中者。《公羊》宣公十二年，“厮役扈养，死者数百人”。《战国策》苏秦说魏襄王，谓魏之卒，有“厮徒十万”。

❷ 春秋时未必如此，特存此礼耳。

蠲，此皆有才技之人，亦必如蒙古克城，别籍工匠矣。凡奴婢，主人待之，未必皆善，故逃亡之事颇多。《费誓》曰：“马牛其风，臣妾逋逃，勿敢越逐。祗复之。我商赉尔。乃越逐，不复，汝则有常刑。无敢寇攘，逾垣墙，窃马牛，诱臣妾。汝则有常刑。”《左》昭七年，“楚子为章华之宫，纳亡人以实之。无宇之阍入焉。无宇执之。有司执而谒诸王。无宇辞曰：周文王之法曰，有亡荒阅，所以得天下也。吾先君文王，作《仆区之法》，曰：盗所隐器，与盗同罪，所以封汝也。若从有司，是无所执逃臣也；逃而舍之，是无陪台也。王事毋乃阙乎？昔武王数纣之罪，以告诸侯，曰：纣为天下逋逃主，萃渊薮，故夫致死焉”云云。可见逃奴之多，而容留逃奴者，为社会所疾恶矣。

《文选》司马子长《报任安书》李注引韦昭曰：“善人以婢为妻，生子曰获。奴以善人为妻，生子曰臧。齐之北鄙，燕之北郊，凡人男而归婢谓之臧，女而归奴谓之获。”❶ 则奴婢之家属，亦不得为良人。然脱奴籍并不甚难。《左》襄三十二年，“斐豹，隶也，著于丹书。栾氏之力臣曰督戎，国人惧之。斐豹谓宣子曰：苟焚丹书，我杀督戎。宣子喜曰：而杀之，所不请于君，焚丹书者，有如

---

❶《方言》：“荆、淮、海岱之间，骂奴曰臧，婢曰获。燕、齐，亡奴谓之臧，亡婢谓之获。”

日”。则纯由君主一人之命令耳。此后世之君，所由屡以诏旨，释放奴婢也。

方氏苞曰：“古无奴婢，事父兄者子弟也，事舅姑者子妇也，事长官者属吏也。惟盗贼之子女，乃为罪隶而役于官。战国、秦汉以后，平民始得相买为奴。然寒素儒生，必父母笃老，子妇多事，然后佣仆赁妪，以助奉养。金陵之俗，中家以上，妇不主中馈，事舅姑。缝纴补缀，取办于工。仍坐役仆妇及婢女数人，少者亦一二人”，云云。案此风今遍全国矣。《周官》，内竖，“掌内外之通令，凡小事”。注：“以其无与为礼，出入便疾。”以童子给使令，盖古之通礼。一以其出入便疾，一亦以幼事长之意也。《曲礼》：“长者赐，少者贱者不敢辞。”注：“贱者，僮仆之属。”少者，则子弟也。《左氏》曰：“士有隶子弟。”孔子使阙党童子将命。子游曰：“子夏之门人小子，洒扫应对进退则可矣。”皆以少者服劳。《管子·弟子职》所言是其事。《论语》记樊迟御，冉有仆，则虽年长，仍服劳役矣。《左氏》所载，晋侯有竖头须，❶士伯有竖侯獳，❷叔孙有竖牛，❸则诸侯大夫，亦不过如此。其奴婢之长大者，皆以任重难之事，所谓“耕当问

❶ 僖二十四。
❷ 僖二十八。
❸ 昭四。

奴，织当问婢”，非以给使令也。❶ 惟奴婢仍事耕织，故其数可以甚多。《史记·货殖传》谓“童手指千，则比千乘之家”，白圭、刁间、蜀卓氏，皆以此起其业，其明验矣。❷

古代社会阶级，以予观之，不过如此。《左》昭七年，陈无宇曰：“天有十日，人有十等。王臣公，公臣大夫，大夫臣士，士臣皂，皂臣舆，舆臣隶，隶臣僚，僚臣仆，仆臣台”，乃其职事相次，非其人分贵贱，如此

❶《曲礼》：“大夫七十而致仕，行役以妇人。”《王制》：“八十者，一子不从政。九十者，其家不从政。废疾非人不养者，一人不从政。”盖皆其家人。

❷ 吕不韦家僮百人，嫪毒家僮数千，留侯家僮三百，皆见本传及《世家》。卓王孙僮客八百，程郑数百人，见《司马相如传》。

其繁。《王制》："凡执技以事上者，祝史、射、御、医、卜，及百工。凡执技以事上者，不贰事，不移官，出乡不与士齿"，亦职业之关系，非其人有贵贱也。[1]

以上所述阶级，盖起于隆古之世，至东周以后，乃逐渐破坏。其所以破坏，一言蔽之，曰：武力衰敝，生计组织变迁而已矣。缅想古代，以一部落，征服他部落，则择中央山险之地，筑城居之；而使所征服之民，居于四周，为之耕稼；是生国人、野

❶ 司马迁《报任安书》："仆之先，非有剖符丹书之功。文史、星历，近乎卜祝之间，固主上所戏弄，倡优畜之，而流俗之所轻也。"

人之别。而国人之中，亦因职业、才智之异，而生君子、小人之别焉。是时国人之武力，盖诚非野人所及；国中之富厚，亦非野外可比。则国中之文明，自必较野外为高。国人之性质，亦必较野人为华。君子为战胜之族之领袖，其德智才力，自又非寻常国人所及。此其阶级，所以能持久而不敝也。世运日进，人事推移。所谓君子者，既以养尊处优，日即于骄淫矜夸，而渐丧其美德。下级社会之德智才力，或反驾乎其上。又以人民之移殖，都邑之增筑，人类和亲之情之昌盛，而国人、野人之阶级，亦渐即于平夷。则隆古以来，因武力不同所造成之阶级破坏矣。然武力不同之阶级虽除，而财力不同之阶级又起。盖在古昔，生事简单。所谓富者，则广有土田之君卿大夫；所谓贫者，则力耕百亩之庶民而已。斯时之贵者必富，贱者必贫，亦固其所。后世井田之制渐坏，封君而外，亦有大有土田之人。而秦汉时之大地主以生，耕地而外，山林川泽，古者皆属公有，后渐为一二人所占，则所谓“擅山泽之利”者以起。古代工皆设官，商人贸迁，大者皆在国外。国内之小商贾，不过博锱铢之利而已。后世则工业皆由私营，贸迁化居之事亦日盛。而豪商及大工业家，复乘时崛起焉。人类之竞争，既依法律而不容专恃武力，则武士无所用其技；而工于心计，暨能勤事生产之民，日益富厚，势固然也。富厚所在，则声势及权力随之。

《史记·货殖列传》云："编户之民，富相什则卑下之，百则畏惮之，千则役，万则仆。"《汉书·货殖列传》云："编户齐民，同列而以财力相君。虽为仆隶，犹无愠色"，其情形，与见在之社会，无以异矣。

然古之阶级，亦非经此一破坏，遂消灭无余也。语曰："百足之虫，死而不僵。"人类习以武力相尚，优于武力者，便把持社会之权利。此等局面，既已相沿数千年，安得一朝而遂尽？故其制虽坏，而其遗孽，留于秦汉之世者，犹有二焉：一曰豪族，一曰游侠。[1]豪族者，盖古君卿大夫之遗。此等本皆有国有家之君，后虽丧败，犹为人民所敬畏。秦始皇灭六国，徙天下豪富于咸阳，十五万户。汉高祖定天下，亦徙齐楚大族于关中。史云所以“强干弱枝”，抑亦以便监制也。然秦虽如是，而陈胜一呼，不期年，六国皆立。破釜沉船，摧秦征讨之师者，楚世将家项氏。沛公因之略韩地，入武关，遂屋秦社者，则五世相韩之张良也。亡秦者盖犹豪族矣。汉兴，海内疲于兵革，亟思休养生息。朝廷亦行宽政，以优细民。清静宁一之治，更未必得罪于巨室。此等人无隙可乘，遂以获安。然

[1] 六国游士之多，亦以是时国家灭亡者众，向之仕于小国，或卿大夫之家者，皆失其职也。

到处有强宗巨家，或为政令之梗。其势力固未尽消减也。豪右者，古贵族之遗骸，游侠则其精魂也。古之君卿大夫，盖多能养士。至于后世，或因其武德之堕落，或因其国家之亡灭，不复能然。然所谓武士者，徒能执干戈，事战斗，而不能事家人生产。莫或豢之，则怅怅无所之矣。于斯时也，草野之士，有具武士之风、君人之德，而能收恤困穷者，士固将奔赴之。《史记·游侠列传》以延陵、孟尝、春申、平原、信陵之徒，与闾巷之侠，相提并论，可见其实为同物也。[1] 此等人皆有徒众，其善者，则如墨子之徒百八十人，皆可使之赴汤蹈火，用以行义。[2] 其不义者，则如汉高能附沛中子弟，彭越能从泽间少年耳。当时揭竿斩木者，盖皆此曹，故汉世务摧锄之也。

---

❶ 朱家“所藏活豪士以百数。其余庸人，不可胜言。然终不伐其能，歆其德。诸所尝施，惟恐见之。振人不瞻，先从贫贱始。家无余财，衣不完采，食不重味，乘不过軥牛。专趋人之急，甚己之私。剧孟死，家无十金之财”。此皆古贤士大夫为人上者之行，亦即君人之德也。《游侠列传》谓游侠：“其言必信，其行必果。已诺必诚。不爱其躯，赴士之阨困。”此皆古交友之道。其借交报仇，则古朋友固有相许以死者也。古者君臣之间，亦重意气。与朋友之交，本有相似处。游侠能尽交友之道，亦即其有君人之德。而士之归之者，其实亦即奉以为君也。《游侠列传》谓：“古布衣之侠，靡得而闻已。”又谓“儒墨皆排摈不载”，自秦以前，匹夫之侠，湮灭不见。其实侠皆起于封建破坏，士无所养之世，前此固无有也。

❷ 古儒墨并称，儒侠亦并称，明墨之行原于侠。史公谓儒墨皆排摈不载，失其本矣。古所谓道德，皆征服阶级之道德。征服阶级中，性情和平者则为儒，激烈者则为墨。儒者君子之行，墨者武士之风也。

四序之运，成功者退。以豪族与游侠较，则豪族藉家世之余荫者为旧，而游侠起于闾巷之间者为新。秦汉之际，六国之后，纷纷自立者皆败，而草泽之雄卒成，盖由于此。[1]以

---

[1] 《廿二史札记》曰：“汉初诸臣，惟张良出身最贵，韩相之子也。其次则张苍，秦御史；叔孙通，秦待诏博士。次则萧何，沛主吏掾；曹参，狱掾，任敖，狱吏；周苛，泗水卒史；傅宽，魏骑将；申屠嘉，材官。其余陈平、王陵、陆贾、郦商、郦食其、夏侯婴等皆白徒。樊哙则屠狗者。周勃则织薄曲、吹箫给丧事者。灌婴则贩缯者。娄敬则挽车者。一时人才，皆出其中，致身将相。前此所未有也。盖秦汉间为天地一大变局。自古皆封建，诸侯各君其国，卿大夫亦世其家。成例相沿，视为固然。其后积弊日甚。暴君荒主，既虐用其民，无有底止。强臣大族，又篡弑相仍，祸乱不已。再并而为七国，益务战争，肝脑涂地。其势不得不变。而数千年世侯世卿之局，一时亦难遽变。于是先从在下者起。游说则范雎、蔡泽、苏秦、张仪等，徒步而为相。争战则孙膑、白起、乐毅、廉颇、王翦等，白身而为将。此已开后世布衣将相之例。而兼并之力，尚在有国者。天方籍其力以成混一，固不能一旦扫除之，使匹夫而有天下也。于是纵秦皇，尽灭六国，以开一统之局。使秦皇当日，发政施仁，与民休息，则祸乱不兴，下虽无世禄之臣，而上犹是继体之主也。惟其威虐毒痛，人人思乱，四海鼎沸，草泽竞奋。于是汉祖以匹夫起事，

（转下页）

游侠与富豪较，则游侠袭封建之遗风者为旧，而富豪凭生计之权籍者为新。故游侠经景武之摧残，遂以澌灭，而富豪则终汉世无如何也。❶

（接上页）

角群雄而定一尊。其君既起自布衣，其臣亦自多亡命无赖之徒，立功以取将相。此气运使然也。天之变局，至是始定。然楚汉之际，六国各立后，尚有楚怀王心，赵王歇，魏王咎，魏王豹，韩王成，韩王信，齐王田儋、田荣、田广、田安、田市等。即汉所封功臣，亦先裂地以王彭、韩等，继分国以侯绛灌等。盖人情习见前世封建故事，不得而遽易之也。乃不数年，而六国诸王皆败灭。汉所封异姓王八人，其七人亦皆败灭。则知人情犹狃于故见，而天意已另换新局。故除之易易耳。而是时尚有分封子弟诸国。迨至七国反后，又严诸侯王禁制，除吏皆自天朝，诸侯王惟得食租衣税。又多以事失侯。于是三代世侯世卿之遗法，始荡然净尽，而成后世征辟、选举、科目、杂流之天下矣。岂非天哉！"

❶ 游侠自武帝以后，日以陵夷。《史记》谓关中长安樊仲子等，"虽为侠，而逡巡有退让君子之风"，是也。《汉书·郑当时传》，亦可见其概。今录其文如下：《汉书》曰："当时以任侠自喜，脱张羽于为贫富与贵贱不相符之阶级，实出于事势之自然而无如何。然为人心所不习，故欲恢复阨、声闻梁楚间。孝景时，为太子舍人。每五日洗沐，常置驿马长安诸郊，请谢宾客。夜以继日，至明旦。常恐不遍。当时

（转下页）

贫富与贵贱，相符之阶级，易而

(接上页)

好黄老言。其慕长者，如恐不称。自见年少官薄。然其知友，皆大父行，天下有名之士也。武帝即位，当时稍迁，为鲁中尉，济南太守，江都相。至九卿。为右内史。以武安、魏其时议，贬秩为詹事。迁为大司农。当时为大吏，戒门下。客至，亡贵贱，亡留门下者。执宾主之礼，以其贵下人。性廉，又不治产。邛奉赐给诸公。然其馈遗人，不过具器食。每朝，候上间说，未尝不言天下长者。其推毂士及官属丞史，诚有味其言也。尝引以为贤于己。未尝名吏。与官属言，若恐伤之。闻人之善，言进之上，惟恐后。山东诸公，以此翕然称郑庄。使治决河，自请治行五日。上曰：吾闻郑庄行千里不赍粮，治行者何也。然当时在朝，常趋和承意，不敢甚斥臧否。汉征匈奴，招四夷，天下费多，财用益屈。当时为大司农，任人宾客僦。入多逋负。司马安为淮阳太守，发其事。当时以此陷罪，赎为庶人。顷之，守长史。迁汝南太守。数岁，以官卒。昆弟以当时故，至二千石者六七人。当时始与汲黯列为九卿，内行修。两人中废，宾客益落。当时死，家无余财。先是下邽翟公为廷尉，宾客亦填门。及废，门外可设爵罗。后复为廷尉。客欲往。翟公大署其门曰：一死一生，乃知交情。一贫一富，乃知交态。一贵一贱，交情乃见。”又《灌夫传》：“夫不好文学，喜任侠。已然诺。诸所与交通，无非豪桀大猾。家累数千万。食客日数十百人。陂池田园，宗族宾客为权利，横颍川。颍川儿歌之曰：颍水清，灌氏宁。颍水浊，灌氏族。”田蚡之短魏其灌夫曰：“天下幸而安乐无事，蚡得为肺腑，所好音乐、狗马、田宅，所爱倡优、巧匠之属，不如魏其、灌夫，日夜招聚天下豪桀壮士，与论议，腹诽而心谤；邛视天，俛画地，辟睨两宫间，幸天下有变，而欲有大功”，亦可见游侠所以见裁抑也。

为贫富与贵贱不相符之阶级，实出于事势之自然而无如何。然为人心所不习，故欲恢复旧制者甚多。商君治秦，“明尊卑，爵秩等级。各以差次名田宅臣妾，衣服以家次。[1] 有功者显荣。无功，虽富，无所芬华”。[2] 即以法令之力，强复旧制。贾生太息于“后之服。众庶得以衣孽妾；天子之服，富人大贾，得以被墙”。晁错谓：“今法律贱商人，商人己[3]富贵矣；尊农夫，农夫己贫贱矣。俗之所贵，主之所贱；吏之所卑，法之所尊。上下相反，好恶乖迕，而欲国富法立，不可得也。”所疾视者，亦贫富贵贱之

---

❶ 《索隐》：“谓各随其家爵秩之班次。”

❷ 《史记》本传。

❸ “己”，当为“已”。后同。——编者注

不相符也。以理论言，则贫富宜与贵贱符，贵贱宜与才德之大小符。然此事谈何容易。言谈之徒，徒疾贵富者之不必有才德，遂欲国家奋然行其予夺之权。殊不知此事非国家所能任；即能行之，亦断无以塞众人之望也。

古代之阶级，尚有遗留于后世者，魏晋以后之门阀是也。赵氏翼《陔余丛考》有一条，述六朝时贵族寒门悬隔之甚，极为该备。今录其说如下。

《陔余丛考》曰：六朝最重氏族。盖自魏以来，九品中正之法行，选举多用世族。下品无高门，上品无寒士，当其入仕之始，高下已分。《谢宏微传》：晋世名家，身有国封者，起家多拜散骑侍郎。《张缵传》：秘书郎四员，为甲族起家之选。他人不得与。徐坚《初学记》亦谓秘书郎与著作郎，江左以来，多为贵游起家之选。故当时谚曰：上车不落为著作，体中何如则秘书。齐明帝制：寒人不得用四幅伞。《梁武帝纪》，旧制：甲族以二十登朝。后门以通立始试吏。魏孝文光极堂大选，八族以上，士人品第有九。九品之外，小人之官，复有七等。王俭属王琨用东海郡吏。琨曰：三台五省，皆是郎用人。外方小辙，当乞寒贱。省官何为复夺之？此其大较也。是以矜门第者高自标置。

崔悛尝谓卢元明曰："天下盛门，惟我与尔。"荀伯子亦谓王融曰："天下膏粱，惟使君与下官耳。"其视后门寒素，不啻如良贱之不可紊越。赵邕宠贵一时，欲与范阳卢氏为婚。卢氏有女，其父早亡。叔许之。而其母阳氏不肯，携女至母家藏避。崔巨伦妇眇一目，其家议欲下嫁，巨伦姑悲戚，曰："吾兄盛德，岂可令此女屈事卑族？"右军将军王道隆，权重一时。到蔡兴宗前，不敢就席。良久方去，兴宗亦不呼坐。何敬容与到溉不协。谓人曰："到溉尚有余臭，遂学作贵人。"以其祖彦之担粪也。问[1]有不恃门第，肯降心俯就卑秩，如羊

[1] "问"，当为"间"。——编者注

欣、王筠之流，已传为盛德之事。[1]而单门寒士，亦遂自视微陋，不敢与世家相颉颃。如吴逵有至行，郡守王韶之，擢补功曹。逵以门寒，固辞不就。宗越本南阳次门，以事黜为役门。后立军功。启宋文帝，求复次门。其有发迹致通显。得与世族相攀附，已为荣幸之极。王敬则与王俭同拜开府仪同。徐孝嗣谓俭曰："今日可谓连璧。"俭曰："不意老子遂与韩非同传。"敬则闻之，曰："我南沙小吏，徼幸遂与王卫军同日拜三公，夫复何恨？"会稽郡最重望计及望孝。

---

[1] 《羊欣传》：不肯为会稽世子元显书扇，元显乃以欣为后军舍人，此职本用寒人。欣不以为意。《王筠传》：王氏过江以来，未有居郎署者。筠初仕为尚书郎。或劝不就，筠曰：陆平原、王文度，皆尝为之。吾得比踪昔人，何多所恨。

蔡兴宗为郡守，举孔仲智子为望计，贾原平子为望孝。仲智本高门，而原平一邦至行，遂与相敌。孙搴寒贱，齐神武赐以韦氏为妻。韦氏乃士人女。时人荣之。郭琼以罪死，其子妇，范阳卢道虞女也。没官。神武以赐陈元康。元康地寒，人以为殊赏。可见当时风尚，右豪宗而贱寒畯，南北皆然，牢不可破。高允请各郡立学，取郡中清望，人行修谨者为学生。先尽高门，次及中等。魏孝文帝以贡举猥滥，乃诏州郡慎所举，亦曰："门尽州郡之高，才极乡闾之选。"杨公则之在湘州也，悉断单门以贿求州职者。所辟皆州郡著姓。梁武至班下诸州以为法。宋弁为本州大中正，世族多所抑降。反为时人所非。张缵、李冲、李彪、乐运、皇甫显宗之徒，欲力矫其弊，终不能挽回万一。❶甚致习俗所趋，积重难返，虽帝王欲变易之而不能者。宋文帝宠中书舍人宏兴宗，谓曰："卿欲作士人，得就王球坐，乃当判尔。若往诣球，可称旨就席。"及至，宏将坐，球举扇曰："卿不得尔。"宏还奏。帝曰："我便无如此何。"他日，帝以语球，欲令与之相知。球辞曰："士庶区别，国之常也。臣不敢奉诏。"纪僧真自寒官历至尉军府参军主簿。宋

❶ 缵为吏部，后门寒素，皆见引拔，不为贵门屈意。李冲以魏孝文有高卑出身，各有常分之诏，上疏曰：未审上古以来，置官列位，为欲为膏粱地？为欲赞益时政。李彪疏曰：升下若专以门第，不审鲁之三卿，孰若四科？显宗曰：升下不应以贵承贵，以贱承贱。乐运曰：选举当不限资阴，惟在得人。苟得其人，自可起厮养而为卿相。

孝武帝尝目送之，曰："人生何必计门户。"纪僧真，堂堂贵人，所不及也。其宠之如此。及僧真启帝曰："臣小人，出自本州武吏。他无所须，惟就陛下乞作士大夫。"帝曰："此事由江敩、谢瀹。我不得措意。可自诣之。"僧真承旨诣敩，登榻坐定。敩命左右："移吾床让客。"僧真丧气而退。告帝曰："士大夫固非天子所命。"路太后兄庆之孙琼之诣王僧达。僧达了不与语。去，遂焚琼之所坐床。太后泣诉帝。帝曰："琼之年少，无事诣王僧达，见辱乃其宜耳。"中书舍人狄当、周赳，并官枢要。欲诣同省张敷，恐其见轻。当曰："吾等并已员外郎，何忧不坐？"及二客就席，敷呼左右曰："移吾床远客。"赳等失色而去。建元中，欲以江谧掌选。诏曰："江谧寒人，不得等竞华侪。然甚有才干，可迁掌吏部。"用一寒人，至特发明诏，似有不得已者。侯景之请婚于王谢也，梁武帝曰："王谢门高，可于朱张以下求之。"益州刺史邓元起，功勋甚著，而名地卑琐。愿名挂士流，乞上籍出身州从事。始兴王憺命庾荜用之。荜不可。憺不能折。乃止。后荜子乔为荆州别驾。州人范兴话，以寒贱，仕叨九流，选为州主簿。梁元帝勒乔听兴话到职，乔曰："乔忝为端右，不能与小人范兴话为雁行。"元帝乃停兴话。北齐娄太后为博陵王纳崔悛妹为妃，敕其使曰："好作法，勿使崔家笑人。"历观诸史，可见当时衣冠世族积习相仍，其视高资膴仕，本属分所应得，非关国家之简付。毋怪乎易代之际，莫不传舍其朝，而我之门户如故也。甚且以革易为迁阶之地。记传所载，遂无一完节者。而一二捐躯殉国之士，转出于寒人。世风至此，国谁与立？可为浩叹者也。《唐书·高士廉传》：太宗以山东人士，好尚阀阅。诏士廉与韦挺、岑文本、令狐德棻刊正姓氏。普责天下谱牒，参考史传。先宗室，后外戚。抑新门，褒旧望。右膏粱，左寒畯。第为九等。而崔氏犹为第一。太宗列居第三。诏曰：曩时南北分析，故以崔、卢、王、谢为重。今天下一家，当朝擢用。古称立德、立功、立言，次即有爵。遂合二百九十三姓，千六百五十一家为《氏族志》，颁行天下。然则此风唐初犹未艾。太宗固尝欲力矫其弊。然观士廉及李义府传，谓自魏太和中，定望族七姓，子孙迭为婚姻。唐初，作《氏族志》，一切降之。后房元龄、魏征、李绩等，仍与为婚。故望不减。义府为子求婚不得，乃奏禁焉。其后转益自贵，称禁婚家。凡男女潜相聘娶，天子不能禁云。《杜羔传》，文宗欲以公主降士族，曰："民间婚姻，不计官品，而尚阀阅。我家二百年天子，反不若崔卢耶？"可见唐中叶以后，民间犹仍此风。《五代史·崔居俭传》：崔氏自后魏、随、❶唐为甲族。吉凶之事，

❶ "随"，为"隋"之误。——编者注

各著家礼。至其子孙，犹以门望自高。又唐庄宗以卢程不能草文书，乃用冯道为掌书记。程故名族也，乃大恨，曰：用人不以门阀，而先田舍儿耶？则五代时犹有此风矣。《袁朗传》：袁自汉司徒滂至朗，凡十二世，为司徒、司空者四世。淑、顗、察皆死难。朗自以人地，虽琅琊王氏多公卿，特以累朝佐命有功，鄙不为伍。朗孙谊，亦曰：门户者，历世名节，为天下所高，老夫是也。山东人尚婚媾，重利禄，何足重哉？此则以节行为门户，较胜于势位相高者矣。

此事之原因，后人率以归诸九品中正，或谓五胡乱华，衣冠之族，耻血统与异族相混而然。实不尽然。观柳芳论氏族之语，则知“命官以贤，诏爵以功；先王公卿之胄，才则用，不才则弃”，原为汉初特有之事。其后“徒山东豪桀，以实京师，而进拔其中之豪英。七相五公，由斯而起”。则已不能尽守其开国之旧。“魏立九品，置中正，尊世胄，卑寒士”，亦习俗使然。盖自古有士庶之分。[1] 汉初，君相皆起草泽。与世家大族不相中，故其用人不论门弟。然一时之政治，不能胜积久之习俗。故阅时久而门阀之焰复张。九品中正之制，正可云习俗战胜政治耳。

---

[1] 士者，所谓先王公卿之胄。庶则故为平民者也。

一阶级之崩坏，必其阶级之人，自有以致之。《廿二史札记》有“江左世族无功臣”“南朝多以寒人掌机要”两条，可见当时门阀所以亡灭之故。今录如下。

“江左世族无功臣”条云：六朝最重世族，已见《丛考》前编。其时有所谓旧门、次门、后门、勋门、役门之类。以士庶之别，为贵贱之分。积习相沿，遂成定制。陶侃微时，郎中令杨晫与之同乘。温雅谓晫曰：“奈何与小人同载？”郗鉴陷陈午贼中。有同邑人张实，先附贼。来见，竟卿鉴。鉴曰：“相与邦壤，义不及通。何可怙乱至此？”实惭而退。杨方在都，缙绅咸厚之。方自以地寒，不愿留京，求补远郡。乃出为高梁太守。王僧虔为吴兴郡守。听民何系先等一百十家为旧门，遂为阮佃夫所劾。张敬儿斩桂阳王休范，以功高，当乞镇襄阳。齐高辅政，以敬儿人位本轻，不欲便处以襄阳重镇。侯景请婚王谢，梁武曰："王谢门高，可于朱张以下求之。"一时风尚如此。即有出自寒微，奋立功业，官高位重，而其自视，犹不敢与世族较。陈显达既贵，自以人微位重，每迁官，常有愧惧之色。诫诸子曰："我本志不及此，汝等勿以富贵骄人。"又谓诸子曰："麈尾是王谢家物，汝不须捉此。"王敬则与王俭同拜开府。褚渊戏俭，以为连璧。俭曰："老子遂与韩非同传。”或以告敬则。敬则欣然曰：“我本南沙小吏，今得与王卫军同拜三公，复何恨？”❶ 王琳为梁元帝所忌，出为广州刺史。琳私谓李膺曰：官正疑琳耳。琳分望有限，岂与官争为帝乎？何不使琳镇雍州？琳自放兵作田，为国捍御外侮也。❷ 且不特此也。齐高在宋，以平桂阳之功，加中领军，犹固让。与袁粲、褚渊书，自称下官常人，志不及远。❸ 及即位后，临崩遗诏亦曰：吾本布衣素族，念不到此。❹ 可见当时门第之见，习为固然，虽帝王不能改易也。然江左诸帝，乃皆出自素族。宋武本丹徒

---

❶《敬则传》。
❷《琳传》。
❸《褚渊传》。
❹《本纪》。

京口里人，少时伐荻新洲。又尝负刁逵社钱，被执。其寒贱可知也。齐高自称素族，则非高门可知也。梁武与齐高同族，亦非高门也。陈武初馆于义兴许氏，始仕为里司，再仕为油库吏，其寒微亦可知也。其他立功立事，为国宣力者，亦皆出于寒人。如顾荣、卞壶、毛宝、朱伺、朱序、刘牢之、刘毅等之于晋，檀道济、朱龄石、沈田子、毛修之、朱修之、刘康祖、刘彦之、沈庆之等之于宋，王敬则、张敬儿、陈显达、崔慧景等之于齐，陈伯之、陈庆之、兰钦、曹景宗、张惠绍、昌义之、王琳、杜龛等之于周，文育、侯安都、黄法氍、吴明彻等之于陈，皆御武戡乱，为国家所倚赖。而所谓高门大族者，不过雍容令仆，裙屐相高，求如王导、谢安，柱石国家者，不一二数也。次则如王宏、王昙首、褚渊、王俭等，与时推迁，为兴朝佐命，以自保其家世。虽朝市革易，而我之门第如故。以是为世家大族，迥异于庶姓而已。此江左风会习尚之极敝也。[1]

“南朝多以寒人掌机要”条云：“魏正始、晋永熙以来，皆大臣当国。晋元帝忌王氏之盛，欲政自己出。用刁协、刘隗等为私人，即召王敦之祸。自后非幼君，即孱主，悉听命于柄臣。八九十年，已成故事。至宋、

---

[1] 卷十七《六朝重氏族》。

齐、梁、陈诸君，则无论贤否，皆威福自己，不肯假权于大臣，而其时高门大族，门户已成。仆三司，可安流平进。不屑竭智尽心，以邀恩宠。且风流相尚，罕以物务关怀。人主遂不能藉以集事，于是不得不用寒人。人寒则希荣切而宣力勤，便于驱策。不觉倚之为心膂。《南史》谓宋孝武不任大臣，而腹心耳目，不能无所寄，于是戴法兴、巢尚之等，皆委任隆密。齐武帝亦曰：学士辈但读书耳，不堪经国，经国一刘系宗足矣。此当时朝局相沿，位尊望重者，其任转轻，而机要多任用此辈也。然地当清切，手持天宪，口衔诏命，则人虽寒而权自重。权重则势利尽归之。如法兴威行内外，江夏王义恭，虽录尚书事，而积相畏服，犹不能与之抗。阮佃夫、王道隆等，权侔人主。其捉车人官虎贲中郎将，傍马者官员外郎。茹法亮当权，大尉王俭尝曰：我虽有人位，权寄岂及茹公。朱异权震内外，归饮私第，虑日晚台门闭，令卤簿自家列至城门，门者遂不敢闭。此可见威势之熏灼也。法亮在中书，尝语人曰：何须觅外禄？此户内岁可办百万，佃夫宅舍园池，胜于诸王邸第。女妓数十，艺貌冠绝当时。出行，遇胜流，便邀与同归。一时珍羞，莫不毕具。凡诸火剂，并皆始孰，至数十种。虽晋之王、石不能过。可见贿赂之盈溢也。盖出身寒贱，则小器易盈，不知大体。虽一时得其力用，而招权纳贿，不复顾惜名检。其中亦有如法兴遇废帝无道，颇能禁制。然持正者少，乘势作奸者多。唐寓之反，说者谓始于虞玩之，而成于吕文度，此已见蠹国害民之大概。甚至佃夫弑主而推戴明帝。周石珍当侯景围台城，辄与景相结，遂为景佐命。至陈末，施文庆、沈客卿用事，自取身荣，不存国计。随军临江，犹曰：此常事，边臣足以当之。不复警备，以致亡国。小人而乘君子之器，其害可胜道哉？大臣不能体国，致人主委任下僚。人主不信大臣，而转以群小为心膂，此皆江左之流弊也。”

地位之高，由于权力。权力之

大，在能把持。其人虽处高位，见尊重，而实不能任事，则地位权力之失，特时有蚤莫耳。故斯时为门阀极盛之世，亦即门阀将衰之日也。语其亡灭，事有数端：一由选法之变。随[1]废九品中正，则尊世胄、卑寒士之制，根本已不复存。然使是时，仍沿汉之州郡察举，则高门大族，犹必多占便宜。而隋又废之而行科举。科举之制，士得投牒自列，而试之以一日之短长。虽其时尚无糊名易书之制，试官亦只得采取誉望，而不敢径贵华族。则寒门清望，进取之路惟钧矣。柳芳谓“隋世士无乡里，里无衣冠”，由其“罢乡举，杂地著”者此

❶“随”，当为“隋”。——编者注

也。一由世族利寒门之富，与结婚姻。《廿二史札记》曰："魏齐之时，婚嫁多以财币相尚。盖其始高门与卑族为婚，利其所有，财贿纷遗。其后遂成风俗。凡婚，无不以财币为事。争多竞少，恬不为怪也。魏文成帝尝诏曰：贵族之门，多不奉法。或贪利财贿，无所选择，令贵贱不分。亏损人伦，何以示后？此可见财婚由来久矣。《封述传》：述为子娶李士元女，大输财聘。及将成礼，犹竞悬违。述忽取所供像，对士元打碎为誓。士元笑曰：封翁何处常得此应急像？须誓便用。述又为次子娶卢庄女。述诉府云：送骡乃嫌脚跛，评田则云咸薄，铜器又嫌古废。皆为财聘，以致纷纭。可以见是时习尚也。”[1]案齐永明中，王源与满氏联姻，致为沈约所弹，亦以受聘钱五万，则南朝亦有此风矣。[2]世族之家，必能自相嫁娶，乃

---

[1] 卷十五《财婚》。

[2] 弹文见《文选》卷四十，颇可见当时士庶不通婚，及士族利庶姓之富，与结姻好之俗。今录其辞如下。原文曰："臣闻齐大非偶，著乎前诰。辞霍不婚，垂称往烈。若乃交二族之和，办伉合之义。升降窳隆，诚非一揆。固宜本其门素，不相夺伦。使秦晋有匹，泾谓无舛。自宋氏失御，礼教雕衰。衣冠之族，日失其序。姻娅沦杂，罔计厮庶。贩鬻祖曾，以为贾道。明目腆颜，曾无愧畏。若夫盛德之胤，世业可怀。栾却之家，前徽未远。既壮而室，窃赀莫非皂隶。结褵以行，箕帚咸失其所。志士闻而伤心，旧老为之叹息。自宸历御寓，弘革典宪。虽除旧布新，而斯风未殄。升下所以负扆兴言，思清弊俗者也。臣实儒品，谬掌天宪。虽埋轮之志，无屈权右。而狐鼠微物，亦蠹大猷。风闻东海王源，嫁女与富阳满氏。源虽人品庸陋，胄实参华。曾祖雅，位登八命。祖少卿，内侍帷幄。父璇，升采储闱，亦居清显。源频叨诸府戎禁，豫班通徹。而托姻结好，惟利是求。玷辱流辈，莫斯为盛。源人身在远，辄摄媒人刘嗣之，到台辩问。嗣之列称：吴郡满璋之，相承云是高平旧族，宠奋胤胄。家计温足，托为息鸾觅婚。王源见告穷尽。即索璋之簿阀。见璋之任王国侍郎，鸾又为王慈吴郡正阁主簿。源父子因共详议，判与为婚。璋之下钱五万，以为聘礼。源先丧妇，又以所聘余直纳妾。

（转下页）

得表异于齐民。今以贪财，竞昏卑族。则阅时既久，士庶不分，族望将不司保矣。一则世族贪利，与寒门通谱。《日知录》曰：“同姓通族，见于史者，自晋以前未有。《晋书·石苞传》：曾孙朴没于寇。石勒以与朴同姓，俱出河北，引朴为宗室，特加优宠。位至司徒。《南史·侯瑱传》：侯

（接上页）

如其所列，则与风闻符同。窃璋之姓族，士庶莫辨。满，奋身陨西朝，胤嗣珍灭。武秋之后，无闻东晋。其为虚托，不言自显。王满连姻，实骇物听。潘杨之睦，有异于此。且买妾纳媵，因聘为资。施衿之费，化充床第。鄙情赘行，造次以之。纠慝绳违，允兹简裁。源即主。臣谨案南郡丞王源：忝藉世资，得参缨冕。同人者貌，异人者心。以彼行媒，同之抱布。且非我族类，往哲格言。熏莸不杂，闻之前典。岂有六卿之胄，纳女于管库之人？宋子河鲂，同穴于与台之鬼？高门降衡，虽自己作，蔑祖辱亲，于事为甚。此风勿翦，其源遂开。点世尘家，将被比屋。宜置以明科，黜之流伍。使已污之族，永愧于昔辰，方媾之党，革心于来日。臣等参议，请以见事，免源所居官，禁锢终身。辄下禁止视如故”，云云。

景以瑱与己同姓，托为宗族，待之甚厚。此以殊族而附中国也。《晋书·孙旗传》：旗子弼及弟子髦、辅、琰四人，并有吏材，称于当世。遂与孙秀合族。《南史·周弘正传》：诏附王伟，与周石珍[1]合族。《旧唐书·李义甫传》：义甫贵之后，自言本出赵郡。始与诸李叙昭穆。而无赖之徒苟合，藉其权势，拜伏为兄叔者甚众。《李辅国传》：宰相李揆，山东甲族，见辅国，执子弟之礼，谓之五父。此以名门而附小人也。”又曰：“史言唐梁之际，仕宦遭乱奔亡。而吏部铨文书不完，因缘以为奸利。至有私鬻告敕，乱易昭穆，而季父母舅，反拜侄

[1] 原注：建康之厮隶也，为梁制局监，降侯景。

甥者。”❶《册府元龟》：“长兴初，鸿胪卿柳膺，将斋郎文书两件，卖与同姓人柳居则。大理寺断罪当大辟。以遇恩赦，灭❷死，夺见任官，罚锢，终身不齿。制曰：一人告身，三代名讳。传于同姓，利以私财。上则欺罔人君，下则货鬻先祖，罪莫大焉。自今以后，如有此弊，传者受者，并当极法。”❸《通志·氏族略》谓“隋唐而上，官有簿状，家有谱系。私书滥，纠以官籍；官籍缺，考以私书”。自唐末大乱，官私谱籍，并皆亡佚，诈冒粥卖，无可考校，而士庶之别，荡焉无存矣。《通志》谓“五季取士

---

❶ 原注：《豆卢革传》。
❷ “灭”，当为“减”。——编者注
❸ 卷二十三《谱通》。

不问家世，昏姻不问阀阅”，亦势所不得不然也。[1]

门阀之制，虽若与于魏晋，实则自古相沿；两汉时不过暂尔伏流，前既明之。然则古代之阶级，实至晚唐五代之世，乃划除净尽也。至此，则除官吏地位较尊，富人实有权势外，可谓豪无[2]阶级矣。然本族之阶级虽平，而本族与异族之间，阶级复起。则五代而降，中国兵力之不竞为之也。高欢之告鲜卑曰：“汉民是汝奴；夫为汝耕，妇为汝织，输汝粟帛，令汝温饱。汝何为陵之？”告华人则曰：

[1] 唐以前氏族之书，今存者惟一《元和姓纂》。而《通志 · 氏族略》，多与之同。盖郑氏所见，亦仅此矣。今私家谱系，多起自宋。唐以前，非阙佚，即妄溯也。

[2] “豪无”，今作“毫无”。——编者注

"鲜卑是汝作客；得汝一斛粟，一匹绢，为汝击贼，令汝安宁。汝何为疾之?"以汉人任耕，鲜卑任战，俨然有一为武士，一为农奴之观焉。❶鲜卑在五胡中，最能橅效汉人，而犹如此。氐、羌、胡、羯，不言可知。惜史不尽载耳。辽、金、元、清之事，则可考者较多。

辽之建国，合两种人而成，一北方游牧之族，一汉地州县之民也。北

---

❶ 魏太武围盱眙，遗臧质书曰："吾今所遣斗兵，尽非我国人。城东北是丁令与胡。南是氐、羌。设使丁令死，正可减（灭）常山、赵郡贼。胡死，减（灭）并州贼。氐、羌死，减（灭）关中贼。卿杀之，无所不利。"此以异族任战者。当时此等事亦多。然所用多非汉人。一以诸胡较汉人强悍，一以汉人能勤生事，为赋税所自出，诸胡皆不能也。

方游牧之族，又分两种：一为部族，一为属国。部族者，辽之国民，属国则通朝贡，有事量借兵粮而已。高居于部族之上者，为三耶律、二审密氏。三耶律者，大贺、遥辇、世里，迭居汗位。二审密者，乙室已拔里，世昏皇室，所谓国舅也。《辽史·刑法志》谓："辽太祖时，治契丹及诸夷，皆用旧法，汉人则断以律令。太宗时，治渤海人亦依汉法。道宗时，始以国法不可异施，命更定律令。其不合者别存之。"则道宗以前，契丹、汉人，实未尝受治于同一法律之下。又辽人设官，财赋之司，偏在南京，亦朘汉人以自肥也。金自世宗后，迁猛安谋克户入中原。所占之地甚广，而税极薄。又多括良田与之。其后卒以此遭杀戮之祸。[1] 盖辽人未尝与汉杂居，而金人不然。故其虐汉人为甚，而其受报复亦酷也。元代分人为蒙古、色目、汉人、南人四等。[2] 一切权利，皆不平等。[3] 而汉人、南人，

---

❶ 《廿二史札记·金末种人被害之惨》云："一代敝政，有不尽载于正史，而散见于他书者。金制，以种人，设猛安谋克分领之，使散处中原。世宗虑种人为民害，乃令猛安谋克，自为保聚。其土地与民犬牙相入者互易之。使种人与汉民，各有界址，意至深远也。其后蒙古兵起，种人往战辄败。承安中，主兵者谓种人所给田少，不足豢身家，故无斗志，请括民田之冒税者给之。于是武夫悍卒，倚国威以为重。有耕之数世者，亦以冒占夺之。及宣宗贞佑间，南渡，盗贼群起。向之恃势夺田者，人视之为血仇骨怨。一顾盼之顷，皆死于锋镝之下。虽赤子亦不免。事见元遗山所作《张万公碑文》。又《完颜怀德碑》亦云：民间仇拨地之怨，睚眦种人，期必杀而后已。寻踪捕影，不三二日，屠戮净尽。甚至掘坟墓，弃骸骨。惟怀德令临淄，有惠政。民不忍杀，得全其生。可见种人之安插河北诸郡者，尽歼于贞祐时。盖由种人与平民杂处，初则种人倚势虐平民，后则平民报怨杀种人。此亦一代得失之林也。然《金史》绝不载此事，仅于《张万公传》中略见之，则知《金史》之缺漏多矣。"

❷ 蒙古、色目种姓，详见《辍耕录》。汉人，谓灭金所得。南人，则灭宋所得也。

❸ 如官制、学校、选举等。

入奴籍者尤多。[1]《元史·刑法志》："诸蒙古人，因争及醉，殴死汉人者，

---

[1] 《廿二史札记》"元初诸将多掠人为私户"条云："元初起兵朔漠，专以畜牧为业，故诸将多掠人户为奴，课以游牧之事。其本俗然也。及取中原，亦以掠人为事。并有欲空中原之地，以为牧场者。耶律楚材当国时，将相大臣，有所驱获，往往寄留诸郡。楚材因括户口，并令为民。匿占者死。立法未尝不严。然诸将恃功牟利，迄不衰止。而尤莫甚于阿里海涯。《张雄飞传》：阿里海涯行省荆湖，以降民三千八百户没入为家奴，自置吏治之，岁收其租赋。有司莫敢问。雄飞为宣抚使，奏之。乃诏还籍为民。《世祖本纪》：至元十七年，诏核阿里海涯等所俘三万二千余人，并赦为民。十九年，御史台又言：阿里海涯占降民为奴，而以为征讨所得。有旨：降民还之有司。征讨所得，籍其数赐臣下。宋子贞又以阿里海涯所庇逃民千人，清出屯田。可见其所占之户，以千万计。盖自破襄樊后，伯颜领大兵趋杭州，留阿里海涯平湖广之未附者。兵权在握，乘势营私，故恣行俘掠；且庇逃民，占降民，无不据为己有，遂至如此之多也。他如《宋子贞传》：东平将校，占民为部曲户，谓之脚寨。擅其赋役。几四百所。子贞言于严实，乃罢归州县。《张德辉传》：兵后孱民依庇豪右，岁久掩为家奴。德辉为河南宣抚使，悉遣为民。《雷膺传》：江南新附，诸将往往强籍新民为奴隶。膺为湖北提刑按察使，出令，还为民者数千。《王利用传》：都元师塔儿海，抑巫山民数百口为奴。利用为提刑按察，出

（转下页）

断罚出征，并全征烧埋银。”则当时蒙古人杀汉人，并不论死也，亦可谓不平矣。清入中国，亦圈近畿之地，以给旗民。宗室有庄园，勋戚、世爵、职官、军士有庄田，皆尽免征输。其刑法，则宗室、觉罗及旗人，皆有换刑。宗室者，显祖之后，又有有爵、闲散之分，俗所谓黄带子。宗室而降为觉罗，则俗所称红带子也。

（接上页）

之。《袁裕传》：南京总管刘克兴，掠良民为奴。裕出之为民。此皆散见于各传者也。兵火之余，遍地涂炭，民之生于是时者，何以为生邪？”案欲尽杀汉人，以其地为牧地，系太宗近臣别迭之事，后又欲分裂州县，以赐亲王功臣，以耶律楚材力谏而止，见《楚材传》。《太宗本纪》：十二年，籍诸大臣所俘男女为民。则分封之事，虽未果行，而诸王大臣所俘人户，实不少矣。《世祖本纪》：至元二十年，“禁权势没人口为奴，及黥其面者”。《廉希宪传》：“至元十二年，行省荆南。令凡俘获之人，敢谷者，以故杀平民论。有立契券质妻子者，重其罪。仍没入其直。”则当时之于奴隶，刑杀亦皆任意也。

凡宗室、觉罗，皆有养赡银米，婚丧有恩赏。汉人杀伤之者，罪加一等。官缺，内官皆满，汉平分。又有若干蒙古、汉军、包衣缺。包衣者，满洲人之奴隶也。清代满、汉，不杂居，不通婚，故其争阋不如金代之烈。然其意乃欲隔绝满、汉，使满人保其强武之风，非为保安汉人起见也。

《廿二史札记》云：前明一代风气，不特地方有司，私派横征，民不堪命，而缙绅居乡者，亦多倚势恃强，视细民为弱肉。上下相护，民无所控诉也。今按《杨士奇传》：士奇子稷，居乡，尝侵暴杀人。言官交劾，朝廷不加法。以其章示士奇。又有人发稷横虐数十事，乃下之理。士奇以老病在告。天子不忍伤其意，降诏慰免。士奇感泣，遂不起。是时士奇方为首相，而其子至为言官所劾、平民所控，则其肆虐已极可知也。又《梁储传》：储子次摅，为锦衣百户。居家。与富人杨端争民田。端杀田主，次摅遂灭端家二百余人。武宗以储故，仅发边卫立功。《朝野异闻录》又载次摅最好束人臂股或阴茎，急迫，而以针刺之。血缕高数尺，则大叫称快。此尤可见其恣虐之大概矣。《焦芳传》芳治第宏丽，治作劳数郡，是数郡之民，皆为所役。又《姬文允传》：文允宰滕县。白莲贼反，民皆从乱。文允问故。咸曰：祸由董二。董二者，故延绥巡抚董国光子，居乡暴横，民不聊生，故被虐者至甘心从贼。则其肆毒更可知也。又《琅琊漫抄》载松江钱尚书治第，多役乡人，砖甓亦取给于役者。有老佣后至，钱责之。对曰：某担自黄瀚坟，路远，故迟耳。钱益怒，答曰：黄家坟亦吾所筑，其砖亦取自旧冢，勿怪也。此又乡官役民故事也。其后昆山顾秉谦附魏忠贤，得入阁。忠贤败，秉谦家居，昆民焚掠其家。秉谦窜渔舟以免。时秉谦已失势，其受侮或不足为异。至如宜兴周延儒，方为相；陈于泰，方为翰林。二家子弟暴邑中。兴民至发延儒祖墓，又焚于泰、于鼎庐。❶王应熊方为相。其弟应熙横于

❶《秉谦传》。

乡。乡人诣阙击登闻鼓，列状至四百八十余条，赃一百七十余万。其肆毒积怨于民可知矣。温体仁当国，唐世济为都御史，皆乌程人。其乡人盗太湖者，以两家为奥主。兵备冯元扬捕得其魁，世济族子也。❶ 是乡官之族，且庇盗矣，又有投献田产之例。有田产者，为奸民籍而献诸势要，则悉为势家所有。天顺中，曾翚为山东布政使。民垦田无赋者，奸民指为闲田，献诸戚畹。翚断还民。❷ 河南濒黄河淤地，民就垦，奸民指为周王府屯场，献王邀赏。王辄据而有之。原杰请罪献者，并罪受者。❸ 又《戒庵漫

❶ 《元扬传》。
❷ 见《李棠传》。
❸ 《原杰又传》。

笔》：万历中，嘉定、青浦间，有周星卿，素豪侠。一寡妇薄有赀产，子方幼。有侄，阴献其产于势家，势家方坐楼船，鼓吹至阅庄。星卿不平，纠强有力者，突至索斗。乃惧而去。诉于官。会新令韩某，颇以扶柳为己任，遂直其事。此亦可见当时献产恶习。此一家因周星卿及韩令得直，其他小民被豪占而不得直者，正不知凡几矣。案如此暴横，唐宋之世，皆所罕闻，盖由元代异族肆虐，民无所控诉，积渐之势，有以致之也。清代于绅士，管束最严，故此风渐戢。[1] 然清之严束绅士，亦虑其有故国之思，

[1] 顺治三年四月，尽革前代乡宦、监生等名色。一应地丁、钱粮、杂泛差役，与民一体承当。见《东华录》。自此绅士不能包庇赋税，投献之风绝矣。

能用其民，则将不利于己耳。非真为汉人平不平也。

奴婢之制，自秦汉迄清皆有之，大抵以罪没入者为官奴婢。以贫穷而卖买者为私奴婢。奴婢以汉代为最盛。[1] 汉高祖尝令民得卖子。贾谊谓其时之民，岁恶不入，则“请爵卖子”。可见其习为常事。又谓“今人卖僮者，为之绣衣丝履，遍诸缘，纳诸闲中”。则几视人如货物矣。其时官奴婢甚众。晁错劝文帝募民以工，奴婢赎罪；及输奴婢以拜爵。武帝募民入奴，得以终身复为郎增秩。又遣

[1] 以其时去阶级之世未远，又当生计剧变之时也。

御史廷尉正监分曹即治郡国缗钱，得民奴婢以千万数。分诸苑养狗马禽兽，及与诸官。徙奴婢众，下河漕，度四百万石，及官自籴乃足。[1] 元帝时，贡禹言：官奴婢十余万，游戏无事，税良民以给之。马贵与曰："豪家奴婢，细民为饥寒所驱而卖者也。官奴婢，有罪而没者也。民以饥寒，至于弃良为贱。上之人不能有以振救之，乃复效兼并者所为，令入奴婢以拜爵复役，是令饥寒之民，无辜而与罪隶等也。况在官者十余万人，复税良民以给之，则亦何益于事哉?"以政治论，以理财论，诚可谓两失之

[1] 《杜延年传》，坐官奴婢乏衣食免官。

矣。私家奴婢，亦多而僭侈，[1] 并得专其杀生。[2] 王莽大更汉法，亦仅改其名为私属，令不得卖买而已，[3] 不能使之为良也。后汉光武一朝，免奴最多。[4] 又令杀奴婢不得减罪，炙灼

---

[1] 成帝永始四年，诏曰："公乡列侯，亲属近臣。多畜奴婢，被服绮谷（縠）。其申饬有司，以渐禁之。"哀帝即位，议限田。有司条奏所限奴婢之数：诸侯王二百人，列侯、公主百人，关内侯、吏民三十人。限制之数如此，不限之时可知。后此例亦以亲贵不便，卒未行也。

[2] 《食货志》，董仲舒说武帝："请去奴婢，除专杀之威。"

[3] 莽更名天下田曰王田，奴婢曰私属，皆不得卖买。此仍视人与物等，不欲兼并者多畜奴婢而已，非知奴婢之有人权也。

[4] 建武二年五月癸未，诏曰："民有嫁妻卖子，欲归父母者，恣听之。敢拘执，论如律。"六年十一月丁卯，"诏王莽时没入为奴婢，不应旧法者，皆免为庶人"。七年五月甲寅，诏吏人遭饥乱，及为青徐贼所略，为奴婢下妻，欲去留者，恣听之。敢拘制不还，以卖人法从事。十二年三月癸酉，诏陇蜀民被略为奴婢自讼者，及狱官未报，一切免为庶民。十三年十二月甲寅，"诏益州民自八年以来，被略为奴婢者，皆一切免为庶民。或依托人为下妻，欲去者，恣听之。敢拘留者，比青徐二州，以略人法从事"。十四年十二月癸卯，"诏益凉二州奴婢，自八年以来，自讼在所官，一切免为庶民。卖者无还值"。

奴婢论如律，[1] 除奴婢射伤人弃市律，[2] 殆可称中国之林肯。自汉以后，大抵遇丧乱饥馑，人民无以为生，则奴婢之数增多。及承平，则或以命令迫令放免，或官出资为赎，[3] 或令以

[1] 所炙灼者为庶民。

[2] 十一年。案宋真宗咸平六年，“诏士庶家雇仆，有犯，不得黥其面”。天禧时，大理寺言：按律，诸奴婢有罪，其主不请官司而杀者，杖一百。无罪而杀者，徒二年。又诸条主殴部曲至死者，徒一年。故杀者加一等。其有愆犯，决罚至死。及过失杀者，勿论。自今人家佣赁，当明设要契。及五年，主因过欧（殴）决至死者，欲望加部曲一等。但不以愆犯而杀者，减常人一等。如过失杀者勿论。从之。则私杀奴婢，后世仍有之。且其论罪，不与凡同。不如汉世之文明多矣，由汉世法律，多用经义也。

[3] 唐昭宗大顺二年，“敕天下州府及在京诸军，或因收掳百姓男女，宜给内库银绢，委两军收赎，归还父母。其诸州府，委本道观察使取上供钱充赎。不得压良为贱。”

卖直为佣资，计数相当则免之。[1] 宫奴婢则以赦免，[2] 或立年限，及年则免。[3] 虽多宽典及优恤之政，要不能摧陷廓清，令其绝迹也。

《古文苑》有王褒《僮约》，颇可见汉世使役奴婢之状。今录其辞如下。《僮约》曰：“蜀郡王子渊，以事到湔止寡妇杨惠舍。惠有夫时奴，名便了。子渊倩奴行酤酒。便了拽大杖

---

❶ 韩愈《柳子厚墓志铭》：“元和中，尝例召至京师。又偕出为刺史。而子厚得柳州。”“其俗以男女质钱，约不时赎，子本相侔，则没为奴婢。子厚与设方计，悉代赎归。其尤贫力不能者，令书为佣。相当，则使归其质。观察使下其法于他州。比一岁，免而归者且千人。”

❷ 唐制：凡反逆相坐，没其家为官奴婢。一免为蕃户，再免为杂户，为良人；皆因赦宥所及则免之。

❸ 汉哀帝议限田及蓄奴婢，有司官奴婢年五十以上，免为庶人。

上夫冢巅曰：大夫买便了时，但要守家，不要为他人男子酤酒。子渊大怒曰：奴宁欲卖邪？惠曰：奴大忤人，人无欲者。子渊即决买券云云。奴复曰：欲使皆上券。不上券，便了不能为也。子渊曰：诺。券文曰：神爵三年正月十五日，资中男子王子渊，从成都安志里女子杨惠，买亡夫时户下髯奴便了。决贾万五千。奴当从百役使，不得有二言。晨起早扫，食了洗涤。居当穿臼缚帚，裁盂凿斗。浚渠缚落，锄园斫陌。杜埤地，刻大枷。屈竹作杷，削治鹿卢。出入不得骑马载车，踑坐大呶。下床振头，捶钩刈刍。结苇腊纻。汲水酪，佐酣醾。织履作粗，黏雀张乌，结网捕鱼，持梢牧猪，种姜养芋，长育豚驹，粪除堂庑，喂食马牛。鼓四起坐，夜半益刍。二月春分，被堤杜疆。落桑皮棕，种瓜作瓠，别茄披葱，焚槎发芋，垄集破封。日中早蚤，鸡鸣起舂，调治马户，兼落三重。舍中有客，提壶行酤，汲水作脯，涤杯整桉。园中拔蒜，断苏切脯，筑肉臛芋，脍鱼炰鳖，烹茶尽具。已而盖藏，关门，塞窦。喂猪纵犬，勿与邻里争斗。奴当饭豆饮水，不得嗜酒；欲饮美酒，惟得染唇渍口，不得倾盂覆斗。不得辰出夜入，交关伴偶。舍后有树，当裁作船。上至江州下到湔，主为府椽求用钱。推访垩，贩棕索。县亭买席，往来都落，当为妇女求脂泽。贩于小市。归都担枲。转出旁蹉，牵犬贩鹅。武都买茶，杨氏担荷。往来市聚，慎护奸偷。入市不得夷蹲旁卧，恶言丑骂。多作刀矛，持入益州，货易羊牛。奴自教精慧，不得痴愚。特斧入山，断鞣裁辕，若有余残，当作俎豆几，木屐及彘盘。焚薪作炭，礨石薄岸。治舍益屋，削书伐牍。日暮欲归，当送干薪两三束。四月当披，九月当获，十月收豆，抡麦窖芋。南安拾栗采橘，持车载辏，多取蒲苎，益作绳索。雨堕无所为，当编蒋织薄。种桃、李、梨、柿、柘、桑，三丈一树，八树为行。果类相从，纵横相当。果熟收敛，不得吮尝。犬吠当起，警告邻里。枨门柱户，上楼击鼓。荷盾曳矛，还落三周。勤心疾作，不得遨游。奴老力索，种莞织席。事讫休息，当舂一石。夜半无事，浣衣当白。若有私钱，主给宾客。奴不得有奸私，事事当关白。奴不听教，当笞一百。读券文适讫。词穷诈索。仡仡叩头，两手自搏。自泪下落，鼻涕长一尺。审如王大夫所言，不如早归黄士陌，蚯蚓钻额。早知当尔，为王大夫酤酒，真不敢作恶。”此文为游戏之作。当时使用奴婢，未必酷虐至是。然奴婢所作之事，则可想见矣。

晋武平吴之后，王公以下，皆得荫人为衣食客及佃客。[1] 东晋犹然。

---

[1] 其数因官品而有差。客皆注家籍。其课：丁男调布绢各二丈，丝三两，绵八两；禄绢八尺，禄棉三两二分；租米五石。丁女并半之。男女十六亦半课。年十八正课。六十六免课。其男丁岁役不过二十日。其田，亩税米二升。

此盖汉世封君食邑户之遗制，与奴婢有别。又有所谓部曲者，尽战乱之世，吏士夷为将帅之私属。❶其后将帅亦招人民为之。❷此等本皆良民，然自为部曲，遂不得与平民并。自魏

---

❶《续书百官志》："大将军营五部。部校尉一人，比二千石。军司马一人，比千石。部下有曲。曲有军侯一人，比六百石。曲下有屯。屯长一人，比二百石。其不置校尉部，但军司马一人。"此部曲本义。《三国魏志·李典传》："典宗族部曲，三千余家，居乘氏。自请愿徙诣魏郡。太祖笑曰：卿欲慕耿纯耶？典谢曰：典驽怯功微，而爵宠过厚，诚宜举宗陈力。加以征伐未息，宜实郊遂之内，以制四方，非慕纯也。遂徙部曲宗族万三千余口居邺。"《吴志·孙策传》："兴平元年，从袁术。术甚奇之，以坚部曲还策。"此并部曲专属将帅之证。

❷《魏志·卫觊传》：镇关中，时四方大有还民。关中诸将，多引为部曲。觊书与荀彧曰："关中膏腴之地，顷遭荒乱，人民流入荆州者，十余万家。闻本上安宁，皆企望思归。而归者无以自业。诸将各竞招怀，以为部曲。郡县贫弱，不能与争。兵家遂强。一旦变动，必有后忧"，云云。此等非招民为兵，乃招以为其私属耳。

晋至宋皆有之。[1]

以异族为奴婢，中国亦有其事。《史记·西南夷列传》谓“巴蜀民或窃出商贾，取其筰马，僰僮，髦牛，以此巴蜀殷富”。《货殖列传》亦谓“巴蜀南御滇僰，僰僮”，则秦汉之世已有之。《北史·獠传》谓其“亲戚相卖如猪狗。被卖者号哭不服，逃窜避之。乃将买人捕逐，若亡叛。获便缚之。但被缚，即服为贱隶，不敢称良矣。梁武帝时，梁益二州，岁岁伐獠以自利，后周武帝平梁、益，岁命

---

[1] 见前引宋天禧时大理寺之言。又案部曲校平民为贱，而较奴婢为贵。故唐高宗显庆二年，有“放诸奴婢为良及部曲客女者听之”之敕。客女，部曲之妇女也。

随近州镇，出兵讨之。获其生口，以充贱隶，谓之压獠。商旅往来，亦资为货。公卿民庶之家，多有獠口”。则几于白人之贩鬻黑奴矣。唐武后大足元年，“敕以北缘边州郡，不得畜突厥奴婢。穆宗长庆元年，诏禁登、莱州及缘海诸道，纵容海贼，掠卖新罗人口为奴婢”。则海陆缘边，皆有贩鬻外国人之事。而本国人亦有鬻卖入外国者。如宋太宗淳化二年，“诏陕西沿边诸郡：先岁饥，贫民以男女卖与戎人，宜遣使者与本道转运使，分以官财物赎，还其父母”。真宗天禧三年，“诏自今掠卖人口入契丹界者，首领并处死，诱至者同罪。未过界者，决杖黥配”是也。

收买奴婢之人，又有转雇与人，以取其利者。宋太祖开宝四年，“诏应广南诸群，民家有收买男女为奴婢，转将佣雇，以输其利者，今后并令放免。敢不如诏旨者，决杖配流”是也。人类之牟利，可谓无所不至矣。

唐武宗会昌五年，中书门下奏：“天下诸寺奴婢，江淮人数至多。其间有寺已破废，全无僧众，奴婢既无衣食，皆自营生。洪潭管内，人数倍多。一千人以下，五百人以上处，计必不少。并放从良百姓。”旨依。按是年废天下佛寺，故奴婢并获放免也。平时则不可考矣。以历代佛寺之盛通计之，其数必不少也。辽以良民赐诸寺。分其税一半输官，一半输寺，谓之二税户。金世宗大定二年，尝免之。章宗即位，又括中都及北路二税户。凡无凭验，其主自言之者，及因通检而知之者，其税半输官，半输主。有凭验者，悉放为良。此则僧人衣食租税，同于封君矣。

《日知录》曰：“《颜氏家训》，邺下有一领军，贪积已甚。家僮八百，誓满一千。唐李义府多取人奴婢，及败，各散归其家。时人为露布云：混奴婢而乱放，各识家而竞人。[1]

[1] 原注：“潘岳《西征赋》：曰混鸡犬而乱放，各识家而竞人。”

太祖数凉国公蓝玉之罪，曰：家奴至于数百。今日江南士大夫，多有此风。一登仕籍，此辈竞来门下，谓之投靠，多者亦至千人。而其用事之人，则主人之起居食息，以至于出处语默，无一不受其节制。有甘于毁名丧节而不顾者。《汉书·霍光传》任宣言：大将军时，百官已下，但事冯子都、王子方等。❶ 又曰：初光爱幸监奴冯子都，当与计事。❷ 及显❸寡居，与子都❹乱，夫以出入殿门，进止不失尺寸之人，而溺情女子小人，遂至于此。今时士大夫之仆，多有以

---

❶ 原注：皆老奴。
❷ 原注："师古曰：监知，奴之监知家务者也。"
❸ 原注：光妻。
❹ 原注：《古诗》：昔有霍家奴，姓冯名子都。而晋灼引汉语以为凭殷，则子都亦字也。

色而升，以妻而宠。夫上有渔色之主，则下必有烝弑之臣。清斯濯缨，浊斯濯足，自取之也。”严分宜之仆永年，号曰鹤坡；张江陵之仆游守礼，号曰楚滨。不但招权纳贿，而朝中多赠之诗文，俨然与搢绅[1]为宾主。名号之轻，文章之辱，至斯而甚。异日媚阉建祠，非此为之嚆矢乎？

又曰：“人奴之多，吴中为甚。[2]其专恣暴横，亦惟吴中为甚。有王者起，当悉免为良，而徙之以实远方空虚之地。士大夫之家，所用仆役，并

❶ “搢绅”，今作“缙绅”。——编者注

❷ 原注：史言吕不韦家僮万人，嫪毐家僮数千人。今吴中仕宦之家，有至一二千人者。

令出赀雇募，如江北之例。[1] 则豪横一清，而四乡之民，得以安枕。其为士大夫者，亦不受制于人，可以勉而为善。讼简风淳，其必自此始矣。”观此可知明代吴中风俗之坏。夫投靠为仆隶者，其人亦宦寺之流耳。降志辱身，所为何事？安得不作奸犯科，招权纳贿，以累其主乎？

近代削除阶级，当以清雍正时为最多。元年，则有山陕之乐户，绍兴之堕民。五年，则有徽州之伴挡，宁国之世仆。八年，则有常熟、昭文之

[1] 原注：郑司农《周礼》司厉注曰：今之奴婢，古之罪人也。《风俗通》言：古制本无奴婢。奴婢皆是犯事者。今吴中亦讳其名，谓之家人。

丐户。乾隆三十六年，又命广东之蛋户、浙江之九姓、渔户及各省似此者，悉令该地方查照雍正元年山陕乐户成案办理。在清代，所谓身家不清白者，仅娼、优、皂隶及曾鬻身为奴者，三世不得应试入仕而已。[1] 然此等贱民，虽见放免，在民间仍未能皆以平等待之也。

[1] 包衣仍得入仕。惟虽至极品，对其旧主，仍执仆礼。后曾有旨，命三品以上包衣皆出籍。